¡Mamá está en casa!

Alejandra Campos Albarrán

Ilustraciones de Issac Piña

Para realizar pedidos de este libro, contacte con:
Palibrio LLC
1663 Liberty Drive
Suite 200
Bloomington, IN 47403
Gratis desde EE. UU. al 877.407.5847
Gratis desde México al 01.800.288.2243
Gratis desde España al 900.866.949
Desde otro país al +1.812.671.9757
Fax: 01.812.355.1576
ventas@palibrio.com

ISBN: Tapa Blanda   978-1-5065-5365-8
         Libro Electrónico   978-1-5065-5366-5

Número de Control de la Biblioteca del Congreso: 2024917656

Información de la imprenta disponible en la última página

Fecha de revisión: 08/27/2024

Para Luisito, Leonardo, Luna y todos los niños
que hacen de este mundo un lugar mejor.

Oigo un sonido fuerte sonar.
Es la alarma de papá.

Es hora de levantarse.

¡Buenos días, bebé hermoso!

¡P*iiii!* ¡P*iiii!* ¡P*iiii!* ¡P*iiii!*

Me llevan con mi nana a dejar.
Mamá y papá tienen que trabajar.

Que Dios te acompañe mi amorcito.
Tu sonrisa me da ánimos para enfrentar un día más.

Aunque mi nana me cuida muy bien,
yo quiero seguir durmiendo con mamá.

Dame un abrazo calientito de esos que solo tú sabes dar.

Ya no hay tiempo, mi pequeño.
El fin de semana será.

Hoy escuché una noticia hermosa.

Mamá se quedará en casa a trabajar.

Veo a papá y a mamá preocupados.
No sé qué pasará.

Yo estoy feliz porque mamá en casa está.

Ven aquí conmigo, mami, algo te quiero mostrar.
Ya puedo levantarme solito y con tu ayuda unos pasitos dar.

¡Bravo, bravo mi pequeño!
¿Desde cuándo puedes caminar?

Aquí tengo mis libros favoritos
disfruto mucho tu voz escuchar,
leyendo una, dos, tres... veces
esas historias que solo tú sabes contar.

Y aprendo sobre un pajarito que busca a su mamá,
sobre una jirafa que no sabe bailar
y sobre una oruga que come y come sin parar.

¿Otra vez? ¿Quieres que lo lea otra vez?
¿Tanto te gusta leer?

Así, mami, levanta las dos manos,
una con otra hay que golpear.
¡Plas, plas!
¡Bravo! ¡Bravo! ¡Dame esos cinco!
Siempre que logro hacer algo nuevo lo celebras sin parar.

La cocina se ha llenado de olores nuevos.
Dices que ahora sí tienes tiempo de experimentar.
Me cargas y me muestras los ingredientes que vas a usar.
Esta es la manzana, la canela, la leche, la a...

¡Mami, la avena no me gusta!
Es por tu bien. Me dices y no desistes de cocinar.
Es un sabor nuevo al que pronto te vas a acostumbrar.

Al llegar el mediodía, quiero una siesta tomar.
Me acomodo en tus brazos y no paras de cantar.
Yo duermo más a gusto cuando tu voz puedo escuchar.

Duerme tranquilo mi niño que hoy mamá te va a cuidar.
¡Mua! ¡Mua! Que descanses mi hermoso.
Te adoro y siempre te voy a amar.

Y mientras cierro los ojitos me imagino esa estrella lejana.
Ese autobús cuyas llantas ruedan sin parar.
Y esa granja llena de sonidos de animales.

¡Muuu muuu!

¡Cua cua cua!

¡Beee beee!

¡Oenc Oenc!

Contigo más rápido aprendo.
Ya empiezo mis primeros pasitos a dar.
Con tu ayuda, mami, todo es más fácil de lograr.

¡Ven aquí mi amorcito! Uno, dos tres...Uno, dos, tres.
¡Vamos un pasito más! ¡Qué bonitos pasos das!
¡Bravo! ¡Bravo! ¡Dame esos cinco!

Te veo llorar y al ver mi cara de asombro me dices,
Son lágrimas de felicidad.

Ya eres un niño grande.
Creces y creces cada día un poco más.
Verte crecer es un hermoso regalo.
¡Gracias Dios por darme esta oportunidad!

Te amo, mami, te amo.
Por favor con mi nana, ya no me lleves más.
Me haces mucha falta cuando tú no estás.

Desde casa, mi amorcito, más tiempo voy a trabajar.
¡Qué felicidad! ¡Bravo! ¡Bravo! ¡Plas! ¡Plas!

18

Ya no me levanto temprano
Ni oigo la alarma sonar

Y cuando me despierto, a mi lado tú estás.

Zzz, zzz, zzz

Mi comidita siempre recién hecha está
y me duermes en tus brazos.
Me ayudas y me motivas a aprender muchas cosas más.

En la tarde, cuando llega papi, los tres reímos, leemos y jugamos sin parar.

Y si necesito de tu ayuda, dices,
Bueno...el trabajo puede esperar.

Printed in the United States
by Baker & Taylor Publisher Services